AF263909

NOTICE
NÉCROLOGIQUE.

NOTICE
NÉCROLOGIQUE

Pour servir à l'éloge

De M. JEAN-FRANÇOIS-ARMAND RIOLZ,
ancien Jurisconsulte, Juge - Conseiller en la Cour
Royale, et Membre de l'Académie de Lyon;

SUIVIE

D'une Dissertation sur le célèbre M. PROST-DE-ROYER,
de Lyon, et le fameux MERLIN DE DOUAY,
relative à leur caractère particulier et à leurs ouvrages.

Dédiée à M. NOUCLO.

Par ONUPHRE**.

A LYON.

Imprimerie de J. M. BOURSY, place de la Fromagerie.

1817.

DÉDIÉE

A Monsieur *NOUCLO*,

Comme celui qui me connaît le plus et qui mérite le mieux de l'être ; l'homme d'entre tous les hommes qui a le plus de sagesse et de caractère ; qui empêcha beaucoup d'honnêtes gens, mais faibles, de se sâlir parmi les boueux démagogues, dont il a toujours fui l'approche, tellement il avait peur d'être maculé par le contact révolutionnaire : celui qui sort vierge de nos saturnales et de ces clubs, vrais réceptacles de toutes les immon-dices de la nation, d'où sortirent par torrens ces adeptes furibonds, de sang et de rapine altérés ; celui qui eut en horreur le tyran, qu'un peuple esclave et stupide, abusant de la complaisante hyperbole, comparait naguère à Charlemagne ; celui qui aime le plus éminemment son Roi, son pays et sa religion ; qui, sans faste et dans l'isolement de sa seule vertu, jouit d'un rang distingué dans les classes les plus pures de la plus haute Société, dont il est recherché par le charme toujours croissant de sa conversation, de son bon ton et de la politesse de ses manières ; celui qui, après avoir été quelque chose dans le régime ancien, n'a voulu et ne veut plus rien être que ce qu'il est : homme de bien et libre : heureux résultat, quand l'ame jouit d'un doux repos par l'abscence des passions mondaines ! quiétisme satisfaisant, qui fait le bonheur du Sage ! celui enfin qui a su se prémunir contre l'instabilité du cœur de l'homme, en se composant une bibliothèque dont le riche et beau choix des ouvrages, les superbes éditions et la magnifique et somptueuse parure des livres, font autant d'honneur à la délicatesse de son goût qu'à son discernement et à ses lumières : vaste et précieux dépôt des connaissances divines et humaines, où cet aimable littérateur trouve, à tous jour, lieu et heure, des amis qui ne le trahiront jamais, et qui lui feront de plus en plus chérir les vertus douces et bienfaisantes qu'il pratique journellement.

Eh ! qui mieux que lui peut juger de la ressemblance du portrait de M. Riolz, et de la vérité des observations critiques et morales qui accompagnent son éloge ? N'a-t-il pas connu ce profond Jurisconsulte ? N'a-t-il pas le souvenir de la pompe et de la majesté du barreau ancien ? Ses regards affligés, ont-ils pu se dérober à la physionomie bâtarde et appauvrie du barreau de la révolution ?

Que sa modestie ne s'offense pas de cette Dédicace faite à son insu : elle est absolument désintéressée. Je ne fais que rendre hommage à la vérité, qui ne peut être contredite que par l'égoïsme de l'amour-propre ; et je la dirai toujours, quelque cher qu'elle me coûte ou qu'elle doive encore me coûter. Je soulage d'ailleurs mon cœur oppressé, et c'est beaucoup ; et, peut-être, acquitté-je en passant une dette de la reconnaissance pour les conseils que ce galant homme ne cessa de me donner pour réfréner les passions d'une jeunesse trop ardente, qui est déjà fort loin de moi.

ONUPHRE.

NOTICE
NÉCROLOGIQUE

Pour servir à l'éloge de M. JEAN-FRANÇOIS - ARMAND RIOLZ, ancien Jurisconsulte, Juge-Conseiller en la Cour Royale, et Membre de l'Académie de Lyon.

La fin de l'année 1815 fut aussi celle de la carrière longue et laborieuse de M. Riolz.

Né à Rhodez (1), au mois de mars 1742, il vint à Lyon aussitôt après avoir fait son droit à Toulouse (2). C'est peut-être à la claudication,

---

(1) Son père était un riche négociant de Rhodez. Des pertes considérables le réduisirent à une grande médiocrité de fortune. Il eut six ou sept enfans qui furent cependant bien élevés. Son fils ARMAND fit ses études à Paris. Après qu'il eut fait son droit, son père, qui l'aimait beaucoup, avait voulu, comme aîné, qu'il restât avec lui ; et il le réduisit à sa simple légitime, voyant qu'il préférait Lyon, où il avait un oncle.

(2) Toulouse est la ville classique de la Jurisprudence,

dont il fut atteint dès son enfance, qu'il dut sa vocation et ses succès dans la Jurisprudence ;

---

comme Montpellier est celle de la Médecine. Le nombre des savans magistrats et légistes qu'elle a produit est prodigieux : les *Duranti*, *Bribrac*, *Corasius*, *Doujat*, *Grégoire*, de *Catelan*, de *Cambolas*, de *Juin*, les *Bastard d'Estang*, *Cujas*, *Furgole*, *Ferrière*, *Ricard*, etc., se sont illustrés. Le parlement de Paris et sur-tout l'immortel d'Aguesseau puisaient dans cet océan de science ; mais trois faits ternissent la gloire de cette ville : l'emprisonnement de *L'Hôpital*; la persécution de *Cujas*, et le supplice de *Calas*.

Dans le Traité des tutelles de *Ferrière*, on lit : « Que « le 23 avril 1757, une affaire fut jugée à Toulouse, au « rapport de M. *Bastard*, aujourd'hui très-digne Maître « des Requêtes. Le père de cet illustre magistrat, est le « célèbre M. *Bastard*, doyen du Parlement de Toulouse : « *Senator semper laudatus*, *nusquàm satis laudatus*, « *propter ingenium eximium summamque integritatem.* »

C'est un fameux avocat, de cette noble et ancienne famille, féconde en hommes de haute réputation, autant connu par sa grande doctrine, que par la mordacité de son humeur, qui, plaidant un jour devant le Parlement de Toulouse, fut rappelé à l'ordre, par le Président qui lui dit : *Faites attention que vous avez un frère assis sur les fleurs-de-lis.* L'Avocat répliqua : *C'est qu'il n'a pas les reins assez forts pour se tenir debout.* Interdit aussitôt pendant trois mois, il s'écria audacieusement : *Et moi, plus puissant que la Cour, je m'interdis pour toujours.*

Je sais que ces réponses, aussi saillantes que hardies,

car, ne pouvant se mouvoir avec facilité, il trouva dans le repos du cabinet des charmes que l'homme studieux peut seul bien apprécier. Eh! qui le fut plus que lui? Bientôt il eut dévoré la lecture de tous les livres de droit et des publicistes, tant nationaux qu'étrangers (3). Bientôt sa réputation s'étendit au loin. On sait que l'éloquent M. Prost-de-Royer, dont les vues

---

sont attribuées à plus d'un avocat; mais je puis assurer qu'elles sont de ce M. *Bastard*, savant professeur. La preuve en est consignée dans un vieux manuscrit intitulé : *Chronique du Barreau de Toulouse.*

(3) Les livres de droit, ceux des Interprètes, des Glossateurs, des Paraphraseurs, des Basiliques, des Décrétales, etc. etc., *Accurse*, *Budé*, le grand *Alciat*, etc., les édits des Préteurs et des Ediles, les Sénatus-consultes, les Plébiscites, les livres coutumiers, féodaux, les arrestographes, etc. etc. sont immenses; et, s'il était possible de tous les recueillir et de les amonceler, ils formeraient des pyramides qui surpasseraient sans exagération, en hauteur et en circonférence, celles fameuses d'Egypte; car, dit Pasquier, *les commentateurs se débordèrent en torrens.*

Eh bien! M. Riolz, au milieu de cet océan de livres, plus heureux que Tantale, les dévorait tous; et plus il en lisait, et plus il avait soif de lecture! Il avait interrogé les écrivains de tous les âges, historiens, poètes, théologiens, philosophes et orateurs. Il avait eu le courage d'exhumer ces antiques et poudreux recueils,

en administration étaient aussi vastes qu'en jurisprudence, crut ne pas mieux faire que de se l'associer pour la composition de son *grand Dictionnaire de Jurisprudence* : ouvrage si heureusement commencé, que le barreau français déplore chaque jour qu'il n'ait pas été parachevé, parce qu'il satisfait à-la-fois les Jurisconsultes, les Publicistes, les Philosophes et les gens de lettres, et qu'il dit le premier ce qui *fut*, ce qui *était* et *ce qui devrait être*. La mort de M. Prost-de-Royer, celle de M. Despagne et de quelques autres collaborateurs non moins célèbres, ne le permirent pas. Le peu de volumes qui restent, attestent combien la science de M. Riolz fut grande, et combien son zèle égalait son érudition. Aussi M. Prost-de-Royer disait, dans ses Observations préliminaires sur

---

que les Jurisconsultes de nos jours appellent plaisamment la *Doctoresque*, la *Vieille Cuisine*.

Aussi que n'a-t-il pas lu ?

Quel homme eut été capable de l'instruire, *et qu'ignorait-il !*

Scaliger, en parlant des frères *Pithou*, raconte qu'*ils sentaient les livres de loin, comme les chats une souris.* On en disait autant de M. Riolz, dont l'immense cabinet était le rendez-vous des livres.

Mais ce qui lui fait infiniment d'honneur, c'est la répugnance invincible qu'il eut de lire les lois que vomissaient, par charretées, nos législateurs de tribune.

cet ouvrage, en parlant des discussions utiles, de l'exactitude dans l'exposition des lois et des autorités : « Qu'à cet égard, sur-tout, l'ouvrage » doit infiniment aux vastes connaissances, au » zèle de mon collègue M. Riolz : *Que n'a-t-il* » *pas lu*, *et qu'ignore-t-il ?* Nous travaillons » comme le père *Le Sueur* et *Jacquet*. Cet » amalgame, fait par le zèle et soutenu par » l'amitié, est le seul moyen de fondre toute » la Jurisprudence. » Ce peu de mots, d'un auteur qui se connaissait si bien en mérite, vaut un éloge.

M. Riolz, vaste et infatigable compilateur, était redoutable par l'amas prodigieux de sa science. L'on conçoit qu'il s'était ouvert une voie sûre pour parcourir sans dangers les *laby-rinthes obscurs et tortueux de l'administration de la justice, où*, suivant François I.er, *les plus éclairés s'égarent.* De tant de recherches, de lectures, d'analyses, de veilles et de travaux, il se forma une espèce de *panorama*, repré-sentant l'universalité des législations, qui lui permit de voir d'un coup-d'œil cet océan im-mense, effrayant l'imagination la plus coura-geuse : et c'est ainsi qu'il se rendit maître de toutes les doctrines, dont il avait fait la fusion pour soutirer ce qu'il importait le plus de con-server ou d'acquérir; et c'est ainsi qu'il parvint à réduire à sa juste valeur chaque loi, chaque arrêt, chaque coutume, chaque opinion, d'après leurs rapports avec la nature des différens gouvernemens, leurs usages, leurs mœurs et leur âge; et c'est ainsi enfin qu'il se composa cette méthode facile qui le conduisit à traiter *ex professo* les matières les plus abstraites et les questions les plus ardues comme les plus compliquées du droit naturel, du droit privé, du droit des gens, du droit étranger, du droit public, du droit Romain, du droit Français, du droit criminel et du droit canonique, sans parler du droit féodal, coutumier, etc. Aussi remarque-t-on dans tous ses articles et ses consultations une discussion savante, vigoureuse, avec une hardiesse de langage éloignée de toute hésitation, tellement il avait le sentiment de ses forces; en conséquence on le voit prononcer, trancher et ordonner comme faisaient les Jurisconsultes fameux du parlement de Toulouse, sans cependant qu'il osât s'écarter des grands principes du droit Romain, pour lequel il avait un profond respect, traitant d'hérésies toutes les opinions contraires, fussent-elles même orthodoxes en raison. Un dévouement si religieux est bien pardonnable. Ne sait-on pas que ce droit est l'évangile de tous les véritables Jurisconsultes?

Aussi, pour ne pas s'égarer, s'inclinèrent-ils fort humblement devant l'empire de sa loi. Les Romains, n'en déplaise à l'orgueil des modernes, ont tellement su imprimer le sceau de l'immortalité à toutes leurs œuvres, que leurs légistes sont sans rivaux, comme leurs orateurs, leurs historiens, leurs poètes et presque tous leurs artistes. *Il semblerait*, dit d'Aguesseau, *que la justice n'ait dévoilé pleinement ses mystères qu'à ces Jurisconsultes.* Quels hommes! aussi quelle nation!

A présent, nos jeunes avocats doivent être persuadés que M. Riolz n'aurait pas acquis tant de science et tant de réputation, s'il se fût uniquement borné à l'étude facile et vulgaire de la compilation *Justinienne*, ou à celle de la jurisprudence flottante et obscure des tribunaux, ou encore à la pratique sèche et tortueuse du droit privé. Il est avéré que cette besogne grossière, seule, quelque laborieuse qu'elle soit, rend l'entendement de nos jeunes légistes plus lourd qu'éclairé. Ils croient, avec ce fatras, posséder beaucoup pour leur suffisance, tandis que, dans la vérité, ils ne sont que des demi-docteurs bien ridicules, parce qu'ils n'ont que des idées confuses. Ces adolescens sont dans l'abîme sans pouvoir en sortir.

M. Riolz, avant ce travail, s'était enfoncé

(16)

dans l'étude fort obscure des différentes coutumes, pour en débrouiller l'affreux cahos, et voir l'analogie qu'elles ont, soit entr'elles, soit avec le droit primitif, le droit Romain et le droit Français: mais déjà il s'était enquis, par l'histoire, des origines de toutes les choses, pour connaître leurs rapports divers et multipliés. Il avait vu la formation successive des fiefs et tout le système de vasselage qui s'y rattache. Sans contredit, il eut pu devenir l'historiographe de la civilisation européenne, sans se trouver au-dessous du grand savoir qu'imposent des fonctions aussi éminemment importantes. C'est dans la génération des idées premières de la sociabilité qu'on voit les bases constitutives des grands principes, qui sont les arcs-boutans de toute jurisprudence, et auxquels se grouppèrent les divers législateurs avant de promulguer les oracles de la justice. Ce n'est que lorsqu'on en possède tout-à-la-fois la lettre et l'esprit, et que les définitions sont devenues familières, qu'il est aisé d'en déduire le véritable sens et de faire une juste application des lois par les motifs d'équité et d'ordre public qui les ont déterminées.

Cette étude savante est la première, la principale qu'il faut entreprendre, et sur laquelle l'on doit méditer long-temps. C'est pourquoi l'immortel l'immortel d'Aguesseau, ce Justinien Français, et avant lui Dumoulin, cet Hercule des Juris-consultes, recommandent tant la connaissance de l'histoire, qui n'est pourtant que celle des faits : mais, par cela seul, elle est le vestibule immense et majestueux du grand enseignement de la jurisprudence ; et celle-ci est la vaste collection de toutes les choses divines et humaines qui doivent être familières à l'homme de loi.

M. Riolz, semblable au chasseur infatigable qui bat et fouille le plus petit buisson, avait exploré tout le pays classique du droit, sans que son attention eût omis la pensée du plus obscur docteur, sachant bien que la vérité se trouve, comme le diamant, là où on ne la soupçonne même pas. Aussi qui, mieux que lui, put disserter sur le grand art du bien et du juste, dont d'Aguesseau compare l'étude *aux pénibles et ténébreuses initiations des mystères des anciens.* Ce n'est pas exagérer en avançant que son savoir fut aussi grand que l'a été celui des *Godefroi*, des *Pithou*, des *Pothier*, des *Vinnius*, des *Perezius* et des *Averanius.* Aussi sa tête, plus Allemande que Française, ressemblait à *Heinneccius*, son auteur de prédilection, ainsi que *Menochius*, *Grotius* et *Puffendorf.* Les recherches épineuses, les

B

matières abstraites, les questions complexes et hors de la commune sphère des Avocats, avaient des charmes inexprimables et étaient autant de roses pour lui : il voyait clair dans la nuit des antiquités. Les usages, les mœurs des peuples d'autrefois, et sur-tout des Romains, lui étaient connus; car il savait par cœur *Denis d'Halicarnasse.* C'est avec autant d'instruction que les lois les plus obscures acquèrent un grand degré de lucidité, et qu'alors leur intelligence est facile.

Quoique personne ne fût plus érudit que M. Riolz, personne aussi ne fit moins parade d'érudition : il en était sobre; car il savait que l'intempérance des citations est une preuve infaillible de charlatanisme, qui en est lui-même une de médiocrité. Qu'il lui était cependant facile d'étaler de la science, lui qui la possédait toute ! lui qui se trouvait dans son immense bibliothèque comme au milieu d'un vaste arsenal, où l'on peut puiser toutes sortes d'armes pour combattre toutes les questions et s'opposer à tous les systèmes !

L'érudition n'est pas aujourd'hui le défaut de la plupart de nos docteurs imberbes, avortons du barreau, qui tombent par ignorance dans l'excès opposé. Parleurs sans talent, sans modestie, on les voit traiter de radotage tout ce qu'ont pensé et écrit les anciens. Leur savoir n'est qu'une science de dictionnaire.

M. Riolz étant plus profond , plus érudit que son digne collègue M. Prost-de-Royer , la jurisprudence universelle lui était plus familière. Il en connaissait mieux le pays ingrat , les ronces , les circuits et le langage souvent barbare. En même temps , nous ne saurions dissimuler que ses vues n'étaient point aussi grandes , aussi élevées. Il disait bien *ce qui avait été, ce qui était ;* mais, comme nous l'avons observé , la timidité de ses scrupules pour les lois Romaines , et les décisions des docteurs les plus renommés , qui étaient pour lui des Dieux en jurisprudence, l'empêchèrent de rien oser dire de *ce qui devait être.* Jurisconsulte du premier ordre, il savait tout, sans prendre la liberté d'émettre une opinion sienne à lui.

Il en était bien autrement de son illustre collègue M. Prost-de-Royer. Avec moins de fatras , mais avec plus de génie , élevant sa tête altière sur tout le vaste édifice de la science, il jugeait d'un coup-d'œil d'aigle ce qu'il fallait retrancher et ajouter, pour mettre l'ensemble en harmonie avec l'accroissement de la civilisation, le progrès prétendu des lumières et la morale publique, plutôt corrompue par raffinement et irréligion, qu'améliorée par esprit et sagesse. Il lui était aussi impossible d'avoir des vues médiocres, comme il l'est à un géant de faire de petits pas. Aussi, qu'on ne s'étonne pas si cet orateur, ce publiciste, cet homme si éminemment lettré, fut remarqué par *Raynal*, par *Thomas*, par *Voltaire*, et sur-tout par le Prince *Henry*, qui ne le quitta pas pendant son séjour à Lyon, et qui emmena avec lui deux de ses enfans.

M. Riolz discourait et écrivait comme un jurisconsulte, si plein de sa matière qu'il ne songeait guère à la forme. En faveur du fond, qui était tout pour lui, il négligeait les moyens de plaire, qui sont tout pour la plupart de ceux qui écoutent ou qui lisent.

M. Prost-de-Royer parlait comme Cochin ; car sa tête imposante et ses gestes avaient aussi leur éloquence. Il pensait et s'exprimait comme un législateur.

Le style de l'un, qui a le goût du terroir, est austère, routinier, raisonneur, énergique ; mais n'est recherché que par l'érudit ou le lourd praticien.

Celui de l'autre, est d'un homme comme il faut, voyant la bonne compagnie ; il est correct, orné, poli, et plaît à toute espèce de lecteur.

M. Riolz se rapproche un peu du savoir immense de Dumoulin, dont il avait l'orgueil et la vanité ; et M. Prost-de-Royer, presque du beau génie de Montesquieu, dont il possédait le goût flexible et gracieux.

La mort de cet éloquent magistrat fut une calamité ; elle a aussi été celle de son grand Dictionnaire. M. Riolz, quelque laborieux et savant qu'il fût, ne se sentait pas les moyens de coordonner tous les matériaux qu'exigeait l'immensité de l'ouvrage. Il était excellent collaborateur ; il aidait puissamment, par ses vastes connaissances et l'étendue de ses lumières, à la perfection de l'œuvre ; mais l'esprit de détail qu'il possédait n'était pas le génie qui crée, qui assemble et qui fait un tout de tant de matières éparses et isolées. L'édifice est resté imparfait, et ce qui en paraît annonce la magnificence qu'il aurait eue s'il avait été parachevé.

M. Riolz est à Lyon le dernier de ces anciens et vénérables Jurisconsultes pour qui leurs cabinéts, leurs cliens et leurs disciples étaient l'univers (4). Ce n'est pas qu'il manque d'Avo-

---

(4) M. *Guillin de Pougelon* n'est pas mort ; mais il est nonagénaire. MM. *Rieussec* père, *Lavie* père, *Vitet*, *Reyre*, *Carles* et quelques autres sont bien encore en vie, fort heureusement, mais devenus magistrats, ils ne peuvent plus dans leurs cabinets faire jouir le public de

cats qui font les capables. Il y en à à foison, ainsi que quelques beaux talens ; mais ils n'ont point assez de doctrine ni d'autorité pour la consultation, parce que d'ailleurs ils substitueraient peut-être leurs idées à celles des Jurisconsultes, leurs maîtres, et leur volonté, à celle de la loi même ; car les gens de la nouvelle école, moins instruits que ceux de l'ancienne, sont beaucoup plus raisonneurs. En telle sorte que Lyon, peuplée de 130,000 ames, envoie consulter Grenoble, qui n'en a pas 15,000, et qui cependant compte plus de dix Avocats consultans, parmi lesquels il en est un de la première force, qui est aussi l'oracle du Dauphiné : c'est nommer M. *Duport-Lavillette* (5).

---

leurs lumières. Parmi les Avocats plaidans, il y en a quelques-uns, six au plus, qui ont une réputation méritée ; mais l'audience, où ils sont si souvent, ne leur permet guère l'érudition et la consultation, pour lesquelles il ne faut point de distraction. C'est pourquoi, en général, les plus habiles Avocats plaidans ne sont que de très-médiocres Avocats consultans, qui ne sont guère consultés.

(5) Je l'avois consulté dans une affaire personnelle, et je fus très-content de sa consultation, quoique payée fort chèrement, parce qu'elle est bien nourrie et d'un bon style. Depuis, il y a environ cinq ans, je soupai avec lui à Grenoble, chez M. *Bernard*, Avocat distingué, à présent

L'on conçoit que M. Riolz, plein d'idées libérales, dans l'acception ancienne de ce mot, et enthousiaste par caractère, ne pensa qu'à

---

annobli par le Roi, et Procureur-général en la Cour Royale de Nismé, où se trouvèrent le fameux *Job Aimé*, M. *Lombard de Quincieux*, Avocat habile et le plus employé, quelques jolies femmes d'un excellent ton, et surtout une Lyonnaise spirituelle et charmante, appelée Mme de la *Courbacière*. Ce M. *Duport-Lavillette* me parut un petit homme, dont la figure âpre et sauvage, comme le pays qui l'a vu naître, est assez ressemblante à celle de nos fabriquans *à façon*. Son langage bref, sans élégance, est parfaitement assorti. Mais, à juste titre, il jouit d'une haute réputation, et sa grande doctrine fait presque oublier la perte du célèbre M. *Barthélémy Dorbane*. Quoique les lettres lui soient peu familières, ne s'étant appliqué toute sa vie qu'à la science du droit, il est, par cela seul, véritablement supérieur dans le vaste et immense domaine de la Jurisprudence, et personne dans son département ne le surpasse, ne l'égale même. Un seul trait, que je saisis en passant, acheva de me faire connaître ce Jurisconsulte estimable, aussi profond qu'il est disert; en apparence, plein de bonhommie et de simplesse de caractère, car il y en a peu au Dauphiné. Il nous fit part de l'embarras, qu'il éprouvait d'apprendre par cœur le beau rôle d'*Orosmane*, dans *Zaïre*, que sa famille voulait lui faire jouer. A coup sûr, je ne me doutais pas qu'avec une figure comme la sienne, moins que bourgeoise, et un organe campagnard, il eût la prétention de chausser le cothurne de *Larive* et de *Talma*. Jamais je ne soupai mieux ni si agréablement.

la plus grande gloire de sa noble profession, pour laquelle ce prêtre de la loi sacrifia ses propres intérêts, qui ne furent, hélas ! que trop négligés, tant était grand son désintéresment. Pendant long-temps, il ne prit de repos la nuit que sur un matelas de livres de droit in-folio. Ainsi, couché durement sur Cujas, Barthole, Henrys, Dumoulin, etc., il se délassait des fatigues de l'érudition sur la science même. Aussi ne s'étonnera-t-on pas de connaître qu'il avait désiré qu'on remît en vigueur la loi *Cincia*, que quelques avocats en guenilles, pressés d'argent, n'envisageaient qu'avec effroi. Tout, fors sa bibliothèque, lui devint étranger; et l'on ne vit point en lui cette étrange contradiction, assez souvent remarquée entre les principes qu'on étale et ceux que l'on suit.

Si, d'un côté, l'accent méridional de notre Professeur de morale fut un obstacle aux triomphes brillans de l'audience; d'un autre côté, ses grandes méditations dans le silence de la retraite, contribuèrent à la célébrité de ses nombreuses consultations qui se distinguent, comme on l'a dit, par une profonde connaissance du droit, et sur-tout par une lumineuse méthode, soutenue d'un style approprié à la matière, c'est-à-dire, plus solide par la force du raisonnement que par le charme de l'élocution; car la dissertation en est calme, impartiale et savante. Ce n'est que raison et vérité : éloquence *écrite*, qui vaut bien celle qui n'est que *parlée*, après laquelle il ne reste rien. En lisant ses consultations et ses articles de Jurisprudence, on croit qu'il a été contemporain du législateur, et éclairé par son génie ; car qui mieux que lui devina mieux l'esprit des lois, en rechercha les motifs et en développa le sens? Mais l'étonnement cesse quand on sait qu'il ne parvint à un si haut degré de doctrine que par une application constante et assidue à toutes les études de la science.

Ce serait ôter à notre éloge le prix que la vérité seule peut lui donner, si nous omettions de dire que M. Riolz, parvenu à la magistrature, n'était pas sur les hauts siéges tout ce que ses longs travaux et sa réputation semblaient promettre. Et pourquoi? parce que la loquacité vide des avocats, la gravité de maintien qu'il faut emprunter, et qui alors n'est que le signe de l'orgueilleuse médiocrité ; et plus que cela sans doute, l'immobilité de corps et de langue où il faut être, étaient autant de choses qui, en heurtant trop son impatience naturelle et la fougue de cette tête ardente, l'empêchèrent d'être bon juge. Tranchons le mot sans mignardise, car la vérité, belle par elle-même, n'a pas besoin de ce frivole ornement : s'il était au cabinet grand Jurisconsulte, il ne fut au palais que juge ordinaire. Ce n'était pas sa place. Tels l'on a vu à Paris le célèbre *Legouvé* de Montbrison, *Robin-de-Mozas* du Dauphiné, et beaucoup de ce mérite ; et à Lyon, MM. *Pezant, de la Rochette, Ducroux, Goy, Jaquet, Choignard, Delurieu*, et tant d'autres d'un grand savoir, qui ne furent, hors de leurs bureaux, que des hommes peu saillans, soit qu'ils n'eussent pas l'esprit de la controverse, soit que leur pensée étant peu diligente, ils n'eussent pas le temps de la réflexion pour y rétablir l'ordre. C'est une de ces raisons, ou toutes ensemble, avec celles précédemment énoncées, qui concoururent à éloigner notre Nestor de la plaidoirie, et qui trompèrent l'attente du public sur ses fonctions de juge. Les savans d'ailleurs ne veulent être entourés que de silence et de repos ; et c'est ce qu'on ne trouve pas dans le vacarme et l'agitation tumultueuse et toujours croissante des audiences, où les hurlemens affreux de l'épouvantable chicane et des passions les plus vénales, éloignent bien vite l'homme paisible et studieux.

L'étude âpre et continuelle d'une science sauvage, comme la Jurisprudence, avait empreint le caractère de M. Riolz d'une sorte d'aspérité repoussante ; car si ses sentimens eurent de la noblesse et le portaient à la bien-faisance, disons, pour tout dire, que sa parole avait une trivialité dont la franchise offensait également l'oreille et le goût. L'on sait que souvent il surpassa en rudesse d'expression l'érudit et satyrique *Scioppus* même : defaut d'urbanité assez commun à ceux qui fuient l'oisiveté agréa-blement ennuyeuse et polie des salons, pour ne s'entretenir qu'avec leurs livres, dans l'obscurité et la poussière de leur solitude. Semblable à Dumoulin, il se vanta de tout savoir : orgueil bien pardonnable à un homme d'une aussi pro-digieuse doctrine, et qui n'est le plus souvent que le seul dédommagement d'un travail de toute la vie. D'ailleurs, personne n'ignore que la modestie ne fut jamais la vertu la plus ordi-naire des savans de profession.

M. Riolz, indépendamment de beaucoup de consultations imprimées, sur les questions les plus importantes de la législation, et de ses nombreux articles du dictionnaire de M. Prost-de-Royer, laisse encore des œuvres non moins intéressantes, qui n'ont point à la vérité autant de célébrité, ni autant de commentateurs que celles de *Cujas*. Son gendre, tout nouvellement élevé à la magistrature, est le seul que nous

avons l'honneur de connaître. Le texte se trou-
vant beau, la paraphrase n'a pas été pénible.

N'oublions pas un frère qui fut juge à la cour
de cassation, et qui cessa glorieusement de
l'être, pour avoir refusé de prêter serment au
ci-devant Roi *des sans-culottes.* Il sut braver
avec une froideur Macédonienne tous les dangers que le courroux de ce tyran, de si ignomi-
nieuse espèce, ne rendit que trop imminens, et
méprisa les cajolleries de ses collègues, qui
préférèrent de s'agenouiller devant le veau d'or
plutôt que d'écouter la voix de l'honneur. Il ne
balança pas, parce que, pour l'homme qui a une
conscience, le patrimoine de la vertu est bien
au-dessus des avantages de la fortune. Ainsi il
s'éloigna d'un traitement annuel de 16,000 fr.,
et descendit des stales de la plus haute magistrature, enveloppé de son manteau pour toute
récompense. Ce courage de l'honneur est d'autant plus remarquable que M. Riolz n'est pas
favorisé des dons de Plutus. Car, quand l'homme
est riche, il lui est facile de dédaigner ce qui
flatte tant les ames vénales, et le sacrifice qu'il
fait en apparence pour s'attirer l'estime, n'en
est véritablement pas un. Quelle austérité de
vertu au milieu d'une cour de justice si mal
nommée, et que la félonie déshonorait ! quel
caractère inflexible, qui se montra incapable et

de fausseté et de faiblesse ! quelle sublimité de fierté, de voir la probité se révolter contre l'argent, quand celui-ci devait faire rougir l'honnêteté ! Ainsi ce savant, courageux et brave dans ses opinions, ne transigea point avec ses sentimens : *Fais ce que dois, advienne ce que pourra.* Cette devise du sage est la sienne, comme elle est celle du philosophe, dans l'acception grecque de ce mot (6).

---

(6) La conduite courageuse de M. Riolz de Paris, se retrouve dans celle de *Galvani*, médecin et physicien célèbre...

Après avoir perdu sa femme, et la république Cisalpine exigeant de tous les employés un serment, Galvani refusa de le prêter, en sacrifiant avec une résignation exemplaire tous les émolumens attachés à la place qu'il occupait. Dépouillé de ses dignités, de son emploi, réduit à l'indigence, il se retira chez son frère à Bologne. *Mais par égard pour sa grande célébrité dans toute l'Europe savante*, le gouvernement Cisalpin décréta que, *malgré son obstination*, il serait rétabli dans sa chaire. Inutile faveur ! tant de coups portés à sa sensibilité étaient irrémédiables. Il avait désiré la mort et elle arriva le 4 décembre 1798. *Extrait de la Biographie.*

Si le gouvernement actuel, dans sa munificence, donne des pensions de retraite à des juges qu'il a disgraciés, pour s'être déshonorés par félonie ou autrement, ce n'est pas certe, à titre de récompense ; mais uniquement par respect pour le caractère auguste dont ils ont été revêtus, parce

(3o)

Le même sang coulait dans les veines de son
frère de Lyon, qui, tout aussi peu fortuné, eut
aussi le même caractère. C'est pourquoi toutes
les *Carmagnoles* de la révolution lui ont été
étrangères. N'offenserions-nous pas sa mémoire,
en oubliant de dire que pendant l'interrègne
des cent jours, époque fameuse où tous les
vices, préconisés et en pleine liberté, repa-
rurent tumultueusement sous leurs affreuses
couleurs, pour arrêter l'élan généreux d'un antique dévouement, il triompha de cette grande
épreuve, où tant d'autres se glorifièrent d'avoir
succombé? mérite d'autant plus remarquable et
digne d'éloges, que bien peu de ses collègues
d'alors lui montrèrent cet exemple de constance
et de devoir. *L'acte additionnel*, qu'on lui pré-
senta, lui parut teint de sang, et il ne l'envisagea
qu'avec effroi. D'autres furent plus courageux,
et ne sont pas ceux qui se pavanèrent le moins.
A les voir, ne dirait-on pas qu'ils sont de la race
des gens qui eussent préféré mourir plutôt que
de s'avilir? Mais, tout en déplorant amèrement

---

qu'il considère avec raison que la magistrature est un véri•
table sacerdoce.

Cette observation est adressée à cette partie du public
qui a plus d'oreilles que d'yeux et de discernement, et qui
ne se lasse pas cependant de critiquer les opérations du
Roi, toutes dictées par la bienfaisance et la sagesse.

la félonie d'aussi perfides conseillers, il nous est
doux et gracieux de savoir que l'honneur de la
compagnie, presqu'entier dans la personne du
concierge, s'exila à la porte du temple, où ce
brave serviteur se tint, comme une sentinelle
vigilante, toujours fidèle à son Roi ! Ainsi est-il
vrai de dire que le plus souvent la vertu modeste se loge dans le cœur du plus humble des
mortels, de ceux-mêmes qui, par leur obscure
et servile condition, paraissent éloignés de tout
héroïsme de courage et de sagesse (7).

Le magistrat Riolz, devenu vieux et chagrin,
semblait depuis long-temps fuir la société, qui
n'avait jamais eu à la vérité beaucoup de charmes pour lui, sur-tout depuis qu'elle n'offroit
plus à ses regards consternés qu'un mélange

---

(7) Oui, le S.ʳ Roguet, concierge de la cour royale d'alors,
qui devint impériale pendant les cent jours, quoique me-
nacé de perdre sa place, se refusa à signer l'acte infâme.

C'est le 10 mars 1815, à 7 heures du soir, que Bonaparte
entra à Lyon ; c'est le 13, à 3 heures, qu'il en partit. Eh
bien ! dès le matin, les fleurs de lis qui embellissaient les
sales du palais de Thémis disparurent, et en même temps
l'on effaça à coups de ciseaux le nom auguste de *Louis-le-
Grand*, tracé sur le marbre, aux quatre coins de Bellecour.

Royalistes, remarquez la promptitude d'exécution dans
les mesures destructives ou révolutionnaires | Le crime a
des ailes, et la justice est lente : c'est sans doute parce
qu'elle est sage.

adultère (8). Aussi, comme on l'a déjà vu, il ne se complaisait qu'avec ses livres, qui ne le trahirent jamais, et ceux qui les aiment. Le Bibliographe et modeste *Raynal* fut son secrétaire et son plus fidèle et sincère ami.

Le traité *de matrimonio* de *Sanchez* était sa lecture favorite. Les recherches plus érotiques que savantes, sur les divers signes auxquels l'on peut reconnaître l'infidélité d'une femme, lui plaisaient peut-être autant que le cynisme du style de ce Jésuite Ultramontain : libertinage de goût, dont les hommes les plus chastes ne peuvent pas toujours se défendre, parce que sans doute il est pour eux une bienfaisante distraction à leurs occupations abstraites, aux disquisitions profondes et sérieuses de la science.

---

(8) Depuis que l'Académie de Lyon avait été obligée d'ouvrir ses portes à des commis de bureau, à des maîtres d'école, qui étaient loin d'être des *Dumarsais* ; et à des gens semblables, connus pour renier Dieu et leur Roi, sans autre vertu et sans autre talent que quelques bluettes littéraires ; dont, autrefois, la modestie d'un écolier de Rhétorique eut rougi de se vanter, M. Riolz n'assistait plus aux séances d'une assemblée si peu Académique. Combien les anciens et principaux membres, respectables par leurs travaux autant que par leur considération personnelle, eurent à souffrir de se voir accolés à des personnages si minces et si indignes, sous tous les rapports, de se trouver dans une si belle et si savante aggrégation, la seule qui ne fût pas accusée d'avoir voulu endoctriner les rois et les peuples !

Ce

Ce Jurisconsulte, qui fut pendant un demi-siècle la lumière de notre barreau, laisse enfin une réputation d'honnête homme, car ses mains, vierges de l'argent d'autrui, n'ont point fait pleurer la veuve ni l'orphelin. Les pauvres, non plus, ne furent point contristés par l'exigence de ses honoraires, qu'il ne se contentait pas souvent de leur offrir. La bibliothèque qu'il a laissée, pour toute fortune, et dont les livres commençaient à vieillir, était aussi précieuse que considérable (9).

____

(9) Les amateurs trouvèrent dans cette bibliothèque, des *Aldes*, des *Elzévirs*, des *Gryphes*, des *Etiennes*, des *Bodoni*, des *Baskerwille*, des *Didot* et beaucoup d'ouvrages rares et singuliers; entr'autres :

Le traité sur l'usage et l'abus du lit conjugal, de *Daniel de Foe;*

L'art d'être modeste et d'écrire avec simplicité, dédié aux Médecins;

L'art de se taire, dédié aux femmes;

L'art d'aimer l'antique et auguste maison des Bourbons, dédié aux révolutionnaires;

L'art d'être content de soi, dédié aux jeunes gens du 19.ᵉ siècle;

L'art du bon sens, dédié aux Français;

L'art d'avoir beaucoup d'esprit, ouvrage réservé qui n'a pas été vendu;

Dissertation sur l'honneur et la probité, dédié aux marchands.

Tous les autres livres de cette vaste bibliothèque ont été échangés pour des francs.

C

Le public sera charmé d'apprendre que M. DUPONT-DE-CHAVAGNEUX s'occupe de l'éloge de son beau-père. Il lui appartient de le faire, et il eut dû nous devancer, comme il nous l'avait promis, ce qui a retardé cette publication. Tous les gens de bien, qui ont connu M. Riolz, et ceux pour qui la science du barreau est quelque chose, attendent avec impatience la production de ce jeune magistrat, qui aura le double mérite d'être bien écrite, et de mettre dans un plus grand jour les ouvrages et les vertus de ce savant Jurisconsulte, dont le public déplore si justement la perte.

***

NOTA. Cette notice sera suivie incessamment, si Dieu nous prête vie, d'un appendice, contenant quelques réflexions morales et philosophiques sur l'état du barreau de Lyon pendant la révolution, avec une galerie générale et pourtant abrégée, des Procureurs, Avocats, Notaires, Auditeurs, Magistrats, et de ceux qui leur succèdent dans le nouvel ordre de choses; le tout accompagné d'anecdotes peu connues.

DISSERTATION

Sur le célèbre M. PROST-DE-ROYER
et le fameux MERLIN DE DOUAY;

RELATIVE

A leur caractère particulier et à leurs ouvrages.

EN faisant l'éloge de M. Riolz, pouvions-nous ne pas parler de son collègue, de son collaborateur et de son illustre ami M. Prost-de-Royer? et un tel Jurisconsulte, que Lyon se vante d'avoir produit, ne mérite-t-il pas un nouvel hommage, chaque fois qu'on trouve l'inappréciable avantage de le citer? Dans cette occurrence, pouvions-nous absolument détourner nos regards d'un autre homme qui a parcouru la même carrière, mais avec des qualités bien différentes? Une malheureuse célébrité dans le crime lui en a valu une aussi dans la Jurisprudence, et dont il jouit peut-être encore parmi les gens de sa dégoûtante école : c'est le trop fameux Merlin. Qu'on nous pardonne donc un court entretien sur ces deux auteurs.

Quel homme c'était, ce M. Prost-de-Royer ! Quel beau parleur ! quel acteur aux audiences et dans les grandes assemblées publiques ! Que ses dehors étaient imposans ! Notre ville de Lyon, toute orgueilleuse de le posséder, l'offrait avec une sorte de vanité à tous les illustres passagers. Le prince Henri en fit son ami. Reçu dans les banquets de M. *Baroud-du-Soleil*, procureur-général, il se trouva souvent à la compagnie de *Raynal*, de *Rousseau*, de *Marmontel*, de l'auteur de Zaïre et d'autres philosophes de cette trempe, dont les idées l'atteignirent un peu. Le grand Mandrin de la littérature sur-tout le caresssa en lui permettant de mettre dans ses œuvres un opuscule sur *le prêt à intérêt*.

Son éloge par M. Baroud est bien écrit, mais d'un style académique, trop léché et sans chaleur (10). Sa belle ame n'y est pas assez peinte, et son désintéressement n'est qu'indiqué. Je l'ai beaucoup connu, on l'approchait si facilement ! il était si bon !

Sa misère, le croira-t-on, était extrême, et il la dissimulait ; à sa mort, on ne lui trouva qu'une pièce de 24 sols. Oui, il mourut de besoin ; son

---

(10) Je l'ai entendu prononcer à l'audience. Il produisit un effet si prodigieux qu'un vieux procureur, M. *Bret*, dur comme un roc, pleurait à outrance d'attendrissement. M. Baroud lisait si bien, et sa jolie figure était si musicale et si académique !

boulanger lui refusa du pain ! Et il étonna le barreau par son savoir et son éloquence ! et il occupa les plus grands emplois dans une cité opulente et superbe ! et il se sacrifia dans les administrations pour la souffrante humanité !

Le ville de Lyon, il est vrai, par reconnaissance lui tint sur les fonds baptismaux une fille qui fut par conséquent nommée *Lyonne.* Oui, les honneurs lui furent prodigués, et ses nombreux amis le comblèrent de politesses et d'honnêtetés : monnaie courante que les riches prodiguent à tort et à travers, pour en recevoir quatre fois plus ; tout cela coûte si peu ! Oui, on satisfit la vanité de l'homme, mais on lui laissa le ventre affamé. Ce n'est pas que les repas lui manquassent, mais il lui était pénible sans doute de sortir de son cabinet pour une ration qu'on lui faisait toujours chèrement acheter, par l'emploi de son talent à flagorner l'Amphytrion.

Il faut cependant avouer qu'on eut une espèce de honte d'avoir laissé mourir d'indigence cet homme célèbre, et qu'en réparation d'aussi grands torts, Lyon se porta en masse à ses funérailles, ce qui lui fit certainement beaucoup de bien. *Patru,* non moins fameux au barreau et dans les lettres, et tout aussi misérable, n'eut pas peut-être à sa mort une escorte si nombreuse ;

mais du moins il fut plus heureux de son vivant, car son ami *Boileau* lui prodigua la soupe et quelque argent. Il n'expira pas de faim.

Si les obsèques de cet infortuné M. Prost-de-Royer, eurent de la magnificence, celles de son plus malheureux fils, l'avocat, qui servit la République avec zèle, furent bien pauvres ; ce fut seulement une croix de bois qui précéda ses restes. On ne se rappela pas sans doute de son père : attribuons la cause de cet oubli au fils, dont les vertus, peut-être, ne réveillèrent aucun souvenir.

Son Dictionnaire de Jurisprudence est du petit nombre des ouvrages qui la font aimer ; les matières les plus arides, les discussions les plus importantes et les plus délicates y sont traitées avec une excellente, une agréable et solide instruction. Comme c'est l'ouvrage de quelques hommes les plus doctes du royaume, parmi lesquels sont les *Prost-de-Royer*, les *Despagne*, les *Riolz*, les *Chaillou*, les *Letrône*, les *Dechamps*, les *Portalis*, etc., le style n'est pas d'une ennuyeuse uniformité. Il offre, ainsi que les objets, beaucoup de variété : c'est un pré émaillé de mille fleurs. Non seulement ce recueil est savant, mais il se recommande encore par un caractère de bienfaisance et de bonté, par les grandes vues, des faits curieux, et des anecdotes piquantes, tellement qu'on ne se lasse pas de le parcourir et de le lire avec intérêt. Il a enfin un autre mérite qu'on ne trouve nulle part, c'est qu'il est rédigé d'une manière si polie et si ornée, que toutes les classes de gens se plaisent à sa lecture, même les femmes ! Aussi les libraires en firent-ils de nombreuses contrefaçons.

Le recueil de Merlin, par ordre alphabétique, et ses treize volumes de Jurisprudence, ne peuvent être mis en rapport, ni entrer en comparaison, et le parallèle qu'on essaierait d'en faire, choquerait évidemment et le dictionnaire de M. Prost-de-Royer, et cet auteur lui-même, dont la mémoire brillante, pure et sans tache, s'irriterait de voir son nom accolé à celui d'un révolutionnaire.

Ces ouvrages de Merlin, démésurément longs et fastidieux, immenses et infidèles compilations, véritables digestes, fatras énorme de lois, de plaidoyers, de réquisitoires, de consultations, de conclusions, de règlemens, de jugemens, de décisions, d'arrêts et de dissertations à perte de vue, le tout péniblement entassé, ne sont dans leur effrayant ensemble qu'un pot-pourri, composé de toutes sortes d'ingrédiens, offert à tous les révolutionnaires en robes, qui, dans dans leur enthousiasme pour le régicide, le mettaient, ainsi que les *Treilhard*, les *Regnier*, les *Berlier*, les *Regnaud de St.-Jean-d'Angely* et autres, fort au-dessus de nos *Domat*, de nos *L'Hôpital*, de nos *Dumoulin*, de nos *Henrys*, de nos *Lamoignon*, de nos *d'Aguesseau*, de nos *Chabrol* (11), de nos Lyonnais *Bretonnier et Guy-Pape*, et plus encore de nos grands publicistes, y compris même ces fameux professeurs de droit public en Allemagne, tels qu'*Heinneccius*, etc. ; l'aberration de l'esprit peut-elle aller plus loin ?

Eh! ne sait-on pas que les admirateurs du grand homme eussent voulu même effacer le siècle mémorable de Louis XIV, et qu'ils se disaient emphatiquement la grande nation ! en insultant ainsi au bon séns Français, à la vérité de l'histoire et à la majesté des peuples! C'est dans le même esprit d'amour propre, d'un côté, et de dénigrement de l'autre, que ces sectaires et prédicants ridicules, se donnaient l'air de valoir mieux que nos pères; car, à les entendre, il n'y a eu de généraux expérimentés, de savans magistrats, d'habiles ministres et de grands

---

(11) M. *de Chabrol*, Conseiller d'Etat, auteur de deux Dissertations savantes sur la coutume d'Auvergne, jouissait, à juste titre, d'une réputation égale à celle de nos plus illustres magistrats.

orateurs que depuis la révolution et parmi eux.
Ne raisonneraient-ils pas mieux en disant qu'ils
n'ont eu que l'audace et le génie du crime, pour
en perpétuer l'affreuse domination et les bou-
cheries? tandis que les honnêtes gens ne purent
faire preuve que de patience dans les cachots,
et de courage sur les échafauds. Dans ce temps
de despotisme, de proscription et d'asservis-
sement, purent-ils montrer d'autres vertus que
celles de la fidélité et de l'espérance?

Mais à présent que toute cette gloire orgueilleuse de ces illuminés novateurs est profondé-
ment ensevelie dans le sépulcre de *Waterloo*,
que chaque peuple a repris son rang, chaque
chose sa place, et chaque homme son nom, tout
ce prestige de réputation s'évanouit. Ces grandes renommées, enfantées par les révolutions,
s'enterrent avec elles, et meurent avec l'esprit
de parti qui les fit naître. Les gens judicieux
ne croient plus à ces célébrités, qu'autant
qu'elles ont traversé les siècles, ou qu'elles ont
été ratifiées par les nations. Or, demandez aux
Ultramontains et aux Anglais, s'ils connaissent
Merlin suspect, *Berlier*, *Treilhard*, *Regnier*,
Regnaud de St.-Jean-d'Angely, et autres de
cette cathégorie, pour des hommes extraordinai-
res en Jurisprudence : ils vous riront au nez ; le
public se rit aussi de ces créations nouvelles.

Demandez-leur, à ces étrangers familiarisés avec les hautes sciences, s'ils ont perdu le souvenir du grand *Cujas*, du judicieux *Domat*, du sublime *Montesquieu* et de tous nos anciens et célèbres explorateurs du droit Romain ? ils les connaissent et les entendent mieux que nous.

Honnêtes gens, qui avez du bon sens, humez donc le ridicule des applaudissemens bruyans et prolongés que tous ces hommes, énergumènes nouveaux, ont obtenus et que leurs sectaires veulent encore prodiguer, non, à la vérité, sans quelque honte ? A présent, il nous est permis de leur dire, que toute cette célébrité ne prouve, suivant le sage *Bernardi*, que la dégradation opérée dans les esprits par la révolution.

Cependant, sous le rapport de l'art, il ne faut mépriser personne. C'est pourquoi nous avouerons que Merlin fut, de tous les jurisconsultes Jacobins, le plus patient, le plus laborieux, le plus instruit, le plus disert et le plus fécond : c'est l'*Attila* des annotateurs ; servile continuateur du procureur *Denisard*, il l'a surpassé même ! Voyez la quantité de ses volumes, au nombre de plus de trente, et leur embonpoint, grossi de ses plaidoyers prolixes ! Voyez l'emploi qu'il a fait des arrêts versatiles, et se contredisant les uns par les autres, de l'ancienne Cour de cassation, commentés par lui, allongés par *Sirey*, continués par le greffier de *Nevers*, remis sur un autre métier par *Chabroud et Hom*, et encore augmentés et complaisamment alambiqués par *Guyot* ! Grand Dieu, quelle monstrueuse collection pour embrouiller les procès ! quel arsenal ! Voyez avec quelle facilité ce Merlin, sans y comprendre ses ouvriers collaborateurs, accouchait de deux gros volumes in-quarto, chaque année ! C'est plus que *Tiraqueau* (12); mais, si celui-ci fut l'auteur

---

(12) L'immortel Tiraqueau, Conseiller au Parlement de Bordeaux, dont se servirent François I.er et Henri II, donna à la monarchie, chaque année, un livre et un enfant, tellement qu'à sa mort, on lui compta 50 volumes in-folio, et 50 enfans de la même femme, sans y comprendre ceux que sa conscience extérieure se fit un scrupule d'avouer ; car, si l'on croit la chronique indiscrète de ce bon vieux temps qu'on ne cesse de calomnier depuis la révolution, ceux-ci excédèrent le nombre de 1,500 ; et en ajoutant à tout le merveilleux de l'histoire, tous ces enfans étaient de beaux mâles.

Sans contredit, ce Tiraqueau fut l'Alexandre des juris-consultes, le héros des femmes, et le germe le plus fécond de la population.

Que tous nos jurisconsultes, même les ultramontains, qui se targuent le plus de science, et qui se croient aussi des Thésée en amour, sont exigus auprès du grand et incomparable Tiraqueau, que les muses de tous les pays,

de beaucoup d'ouvrages , il fut aussi père d'un plus grand nombre d'enfans , ce qui vaut bien mieux. Voyez comme , fort de cette fécondité et de ses prôneurs , il s'est enrichi avec sa spéculation toute mercantile ! Voyez avec quelle hilarité il s'est délecté sur ces mots doucereux pour ses oreilles : *Emigré*, *Suspect*, *Bannissement*, *Déportation* , *Dénonciation* , *Délits et Peines* , *Bourreau* , etc. ?

Quel travail pour tous ces articles de prédilection ! C'est sa matière favorite, comme à *Muyart de Vouglant*, la sienne. Aussi est-elle traitée *ex professo* , et avec une lucidité, telle que la discussion ne laisse aucune ressource au malheureux accusé ! Aussi voyez - vous comme son caractère est éloigné de toute indulgence : il est sévère comme le Code pénal !

------

célébrèrent à l'envi dans toutes les langues ! Voici la faible traduction d'une pièce de vers latins, que j'ai trouvée dans le dictionnaire de M. Delandine :

> Tiraqueau fécond à produire ,
> A mis au jour cinquante fils ;
> Tiraqueau fécond à bien dire ,
> A fait pareil nombre d'écrits.
> S'il n'eût point noyé dans les eaux
> Une semence si féconde,
> Il eût rempli le monde
> De livres et de Tiraqüeaux.

et toujours c'est au nom de la plus douce phi-
lanthropie qu'il assassine ! Voyez comme sa
belle ame est toute entière sur sa figure
desséchée et livide , et dans son style nord-
est, sec , austère et subtil , qui a la forme
doctoresque, mais que les niais prennent pour
le genre didactique.

Ce n'est donc pas sans raison qu'on disait de
lui : qu'il était vain comme un paon , patient
comme un chat, et cruel comme un tigre ;
et qu'on l'a nommé Merlin-suspect, Merlin-
potence, Merlin-régicide.

Voilà les titres nombreux et les beaux faits-
d'armes qui recommandent ce grand homme
à la postérité et à nos jurisconsultes de son
école , qui osent encore le citer comme une
autorité ! Eh bien ! puissent leurs langues
desséchées , pour nous servir de l'expression
énergique des Prophètes , se coller à leur
palais, chaque fois qu'ils prendront l'envie de
prononcer un nom si bassement ignominieux
et si horriblement affreux , puisqu'il se montra
juge féroce, et tel que ne l'auraient été ni
Poyet , ni *Pussort* , ni *Lan-Badermont.*

Toutefois les recueils de Merlin sont riches
de matériaux pour les mangeries des Avocats
et des Procureurs, c'est-à-dire, de ceux seulement, dont le nombre fort heureusement n'est

pas considérable, qui n'étant que d'ignares et vils praticiens, ambitionnent plutôt une grosse et honteuse fortune qu'une bonne et loyale réputation. C'est une fabrique ou plutôt une mine féconde où ils puisent abondamment et leur érudition et leur éloquence ! Elle est sur-tout intarissable, au point qu'il en reste toujours plus qu'ils n'en dérobent, parce qu'ils n'ont qu'à copier, ce qu'ils font avec une scrupuleuse fidélité ; aussi voit-on ces volumineuses analyses, sans contredit, plus précieuses que le *Pérou*, toujours ouvertes dans les beaux cabinets des uns, et les boutiques enfumées des autres, où elles remplacent le vieux *Lange* et le Picard *Denisard*. A tous, c'est leur protocole et *guide-âne*, y compris *Pigeau*. C'est avec ce travail tout fait que les plaidoyers, mémoires, consultations et écritures prenaient un luxe d'embonpoint remarquable, qui se payait avec le sang des malheureux plaideurs, qu'on assassinait judiciairement par le ministère doux de Merlin et de ses trompettes.

Enfin nous passons à Merlin, et pourquoi ne pas avoir l'impartialité d'en convenir ? qu'il est un infatigable compilateur, qui a longuement dogmatisé sur une infinité d'objets. Il avait la tête si pleine des arguties de nos praticiens et des subtilités de nos criminalistes ! Il connaissait si bien l'art très-ordinaire de coudre à chaque mot les lois nouvelles et les arrêts épars! Oui, ses ouvrages sont de belles tables de matières, dépôt qui, peut-être, sera encore consulté pendant quelques années, avant que de servir à autre chose dont on se doute déjà; mais éloignons-les d'une distance respectueuse du Dictionnaire de M. Prost-de-Royer. Ces deux hommes différens ne sont pas faits pour aller ensemble, pas plus que leurs ouvrages, et jusqu'à présent nous n'en dirons pas davantage.

F i n.